Kurt Scharf

Ertrag

Tage-Bruch

Bibliografische Information der Deutschen Nationalbibliothek:
Die Deutsche Nationalbibliothek verzeichnet diese Publikation in der Deutschen Nationalbibliografie; detaillierte bibliografische Daten sind im Internet über www.dnb.de abrufbar.

Herstellung und Verlag: BoD – Books on Demand, Norderstedt
ISBN 978-3-753-44272-3

Eins

Aussicht

Auf welcher Erde wir das Leben stillen,
bleibt unbekannt, solang die Spuren rauchen,
die aus dem Schlamm der müden Worte tauchen.
Wir greifen nach den ferngestellten Brillen

und sind der Zukunft zögernd nur zu Willen;
vollendet ist, was wir nie wieder brauchen.
Das All verzichtet, wird sein Licht verhauchen.
Wir schlucken entropieverseuchte Pillen.

Von einer dunklen Macht gestärkt zu werden,
erscheint der leichtre Weg dem wir uns stellen.
Und mag auch sein, dass dann die hellen Quellen

ins Uferlose fließen, um allein zu bleiben,
und uns aus allem, was wir lieben, treiben.
Wir spüren nichts und keinerlei Beschwerden.

1.1.2021

Abbruch

Im Abseits enden alle weitren Wege,
beschritten schon von altgedienten Leuten
als Trampelpfad, und leicht im Licht zu deuten,
versagtes Lied im dichten Luftgehege.

So bin auch ich am ewiggleichen Stege
gelandet stets im Einklang mit den Meuten,
die dort an Wunschgebilden sich erfreuten,
gelegt auf schmales Sein der Pflichtbelege.

Wir wollten doch zu neuen Ufern dringen,
am nebelhaften Morgen in die Ferne,
der Zukunft Einzelheiten froh besingen.

Geworfen ins Gestrüpp, die Pflanzen schweigen.
Der Wind verschläft die Zeit in dürren Zweigen.
Die Strophen sind verhallt, und kalt die Sterne.

2.1.2021

Weltwund

Zu Zweifeln werden dich die Fragen führen,
die andre dir im Ungewissen stellen,
so bang im Angesicht der dunklen Quellen.
Du stehst, ein müder Gast, vor blanken Türen.

Du zögerst noch, die Klinken zu berühren,
die Ängste sammeln sich auf rauen Schwellen.
Die weisen Schlüsse könnten dich erhellen,
kämst du hinein, den Übermut zu küren.

So wende dich alsbald zu einer Seite,
verlass das Haus und stelle selbst die Fragen.
Vielleicht, dass andre dir die Antwort sagen.

Vielleicht erkennst du dann die schattenbreite,
die silbersanfte Lösung in den Stunden,
und hast, was du erahntest, nun gefunden.

3.1.2021

Erdlos

So selten wie die ersten Augenblicke
im Randbereich der frühen Lebenskreise,
so sind und fordern niemals Endbeweise
der abgelösten Tage Erdgeschicke.

Und übrig bleibt nur stures Kopfgenicke,
bestätigt noch nach jeder kleinen Reise,
und sammelt Rost sich auf dem schmalen Gleise,
wird fadenscheinig alles Stoffgesticke.

Erinnrung leuchtet, nachgelenktes Leiden,
und möchte was zuvor geschah vermeiden,
misstraut dem Raum und taumelt in die Stunden.

Geöffnet waren sie, die sich nun schließen,
die großen Tore. Stumme Wasser fließen.
Und was da liebend lebte, ist verschwunden.

4.1.2021

Traumfahrt

Ins Blaue greifen deine neuen Pläne,
sie treiben, Lichtfiguren, zu den Sternen,
zerfallen, Rauch geworden, in den Fernen,
umdauert lang von einer Quarantäne.

Du schriebst so gern von Liedern weißer Schwäne,
du würdest wohl der Tiere Sprachen lernen
und dich aus deiner innren Flucht entfernen.
Doch fehlt zum Leben dir Gesicht und Träne.

Noch mehr als vierzig Tage auszuharren,
verhungert fast in wüsten leeren Räumen,
und ewig hoch zum Himmel nur zu starren,

verbietet sich von selbst. In deinen Träumen,
die Wirklichkeit und Gegenwelt verbreiten,
entgleitet leis der Abgesang der Zeiten.

5.1.2021

Flugangst

Die Reste meiner Träume sind Fragmente,
verfangen in des frühen Morgens Haaren,
die stets noch unentdeckt geblieben waren,
bevor der Tag sich von dem Dunkel trennte.

Nur zögernd zahlt ein Traum die Alimente.
Er gibt die Lösung nicht, kein Offenbaren,
und will vom Leben nur: es einzusparen.
Der Tod, man weiß, geht leider nie in Rente.

Verächtlich kommt er hier in kleinen Teilen,
gespiegelt noch in allen wachen Taten,
er pflanzt die Zukunft, deren düstre Saaten

sich einem blassen Traum enthoben haben.
Er wird, für diesen Augenblick, verweilen,
und steht, mit mir vereint, am tiefen Graben.

6.1.2021

Suchzeit

Sie kamen aus dem Reich der fahlen Schatten,
Erinnerungen längst vergessner Zeiten
aus unbekannten sternverlornen Weiten,
und wussten nicht wen sie verloren hatten.

Verborgen in den dunklen Kasematten,
gezettelt nur aus schnöden Einzelheiten
die ins Vergangensein sich kläglich breiten,
so ging ihr Suchen sinnlos hier vonstatten.

Da waren jetzt die neuen Erdendinge,
im Auf und Ab gewichtet, Eisenringe
gezogen um die Welt als wunder Kragen.

Sie hielten inne, stellten keine Fragen.
Und endlich hatten sie, was war, verstanden.
Wonach sie dann im kalten All verschwanden.

7.1.2021

Lichtblick

Die Wälder wollen nicht, dass wir sie stören.
Sie sind, im langen Lauf der Erdgeschichte,
vertraut mit jeder Norm der Lichtgewichte,
und werden eignem Sein sich nur verschwören.

Dem Leben, welches ewig sie betören,
obliegt es, ihre wurzelstarke Dichte,
das Allgemeine formend, als Berichte
des Überwindens jeder Not zu hören.

Am Anfang, landgewonnen, kam zustande
des neuen Reiches blasse Konterbande,
geschmuggelt aus den blauen Wasserwellen.

Was immer lauert vor Planetenschwellen,
tritt nie hinein solang die Bäume dauern,
es wird verzweifelt in den Schatten kauern.

8.1.2021

Landgrau

Ich schaffe kaum, die Wasserfallgeschichten
zu lesen, die in immer gleichen Wogen
durch Horizonte hergeboren zogen,
zu glauben allen diesen Schaumberichten.

Ich weiß jedoch, beachtend meine Pflichten,
das wahre Sein hat sich nie selbst betrogen,
es schlägt um Fehler einen harten Bogen
und wird, was Lüge war, noch stets vernichten.

Am Rande klemmt die Wahrheit, Türen knarren.
Und nur wer lacht, macht sich zum Obernarren
an Bord von ominösen Geisterschiffen.

Wem glaube ich? Den simplen Haderlumpen,
in deren Sätzen Worte sich verklumpen?
Sie stranden bald, geschlitzt von spitzen Riffen.

9.1.2021

Lautwert

Das Schweigen kehrt zurück, die müden Stimmen
entgleiten in die Welt der wunden Worte.
Das Sterben dauert. Draußen vor der Pforte
beginnen Sätze, lauern kurz, verschwimmen.

An Mauern stockt die Zeit. Die Silben klimmen
vergeblich, bleiben blanker Angst Eskorte
und sammeln sich erneut, des Tods Kohorte,
den langen Tag vereint zu übertrimmen.

Zu hören: nichts. Die stummen Stunden warten
in schwankem Hoffen, dass sie wieder starten
und Wände wanken ob der Last der Zeichen.

Sie stürzen sich, mit gut geschärften Klingen,
in jeden freien Raum, wohin sie dringen
den tiefen Grund der Seele zu erreichen.

10.1.2021

Die Wälder wollen nicht, dass wir sie stören.

Zwei

Nachsicht

Die Nacht entfacht, für die nicht schlafen wollen,
die Flammenfeuer bunter Seltsamkeiten,
und spricht so gern von neuen Zeitenweiten,
entfernt den Unterschied von Sein und Sollen.

Darüber doch, dem dunklen Rauch entquollen,
ersterben alle Wünsche und entgleiten,
und bleiben übrig nur des Tages Pleiten,
gebracht in blinder Hoffnung Abraumstollen.

Kein Traum wird sein. Die Nacht verlacht das Leben.
Und jenen, die den Schlaf sich immer rauben,
verpasst sie grinsend ihre Daumenschrauben.

Im Raum allein, worin wir sind und schwinden,
da lassen andre Wesen sich nicht finden.
Wir werden trotzdem zu den Sternen streben.

11.1.2021

Altstadt

Die Dächer sind so dunkel anzusehen,
der Abend kommt viel früher in die Straßen
zu uns, die wir das Tageslicht vergaßen
und bald im kalten Nächtegang vergehen.

Wir sollten um die Wärme wieder flehen
und unsre Herzen nur mit Lust bemaßen,
die wir vormals so reichlich hier besaßen;
die Liebe bliebe, wie die Luft, bestehen.

Die Schatten sammeln sich in Zimmerecken
und gleiten, wird das Licht gelöscht, zur Mitte.
Sie harren aus, entgegen jeder Bitte.

Wir können unsre Ängste nicht verstecken.
Es sei, wir hätten neuen Mut gefunden
und wären enger noch dem Tag verbunden.

12.1.2021

Querweg

Die Waffen sind im leeren Raum verschwunden.
Sie waren ungeschärft, die stumpfen Klingen
ein Loblied nur dem steten Nichtgelingen
der Pläne längst vergangner Nebelstunden.

In allem, was dem Wollen eingebunden,
gelegt als Zögern auf die matten Schwingen,
versucht die Zeit uns ihren Trost zu bringen,
bepudert Hoffnung unsre offnen Wunden.

Dem bleichen Monde gleich beim Erdumwandern,
erscheinen wir den einen oder andern
am Tag verblasst, und bleiben ungesehen.

Selbst wenn im Tanze wir uns wirbelnd drehen,
beim Abgesang von waffenlosen Kriegen,
so wird das Dunkel, dem wir dienen, siegen.

13.1.2021

Randklang

Aus unverdünnten dichten Druckgebieten,
in Spitzenhitze lichtlos eingewoben,
entstanden Inseln, in das Sein gehoben,
und später Leben, drin sich einzumieten.

Ob sie nun auch der Schöpfung gut gerieten,
die Wesen auf dem langen Weg nach oben,
blieb fraglich. Sollten sie sich selber loben?
Sie zogen Lose. Leider alles Nieten.

Sie trieben hier, für eine kurze Weile,
bedenkt man Universums wilde Eile,
und fielen aus der Zeit und Weltgeschichte,

bevor das Licht, gelöscht, im Punkt sich ballte,
aus dem erneut die Zukunft widerhallte,
jonglierend und probierend die Gewichte.

14.1.2021

Kehraus

Wir sitzen stumm und warten auf die Zeichen.
Die Bilder sind so fremd, so fahle Schatten
der Dinge die wir gestern doch noch hatten.
Die Worte können uns nicht mehr erreichen.

Die Sätze lassen leichter sich nun streichen.
So geht das Leben besser hier vonstatten,
beschränkt im Raum, wo schöner wir ermatten.
Es wird, was war, dem Heute niemals gleichen.

Um uns herum verklingen Lichtgesänge,
entfaltet Dunkel nur sein Machtgepränge.
Im Draußen, außen vor, belauern Lügen

das helle Sein dem wir uns nie verfügen.
Verwirrte Wellen streifen Ufers Säume.
Und alles schwebt in unbestimmte Träume.

15.1.2021

Vorab

Ein weißes Tuch liegt über allen Dingen,
die Kälte wittert Morgenluft im Hafen,
die Schiffe sind im Eise eingeschlafen
und träumen, ihre Segel wären Schwingen.

Der Frühling wird Erlösung wieder bringen
den Leuten, die sich lange nicht mehr trafen,
der späten Nächte Wankelmut bestrafen
mit neuer Ungeduld und lautem Singen.

Dahin ists weit, und dauert viele Stunden.
Die Trauer zieht noch oft die Ehrenrunden,
planetengleich, um kühle Einzelheiten.

Indes, die Wärme dringt in diese Zeiten
als vager Hoffnung buntbedruckter Schleier,
und macht was schon verloren schien zur Feier.

16.1.2021

Nachtlied

Und oberhalb der kahlen Baumbestände,
wo lichtwärts graue Wolkenbänder reisen,
und Schicht um Schicht, gefügt in rote Schneisen,
der Abend sorglos wandert durchs Gelände –

dort gibt der Tag der Nacht sich in die Hände,
und alle lauten Töne und die leisen
versinken und vergehen, herbe Weisen,
verklingen bald, gelehnt an stumme Wände.

Im Walde auch, in Dunkelhaft gelegen,
wo zaghaft Blätter sich im Wind bewegen,
verwittert Zeit, in Einsamkeit gefangen,

und will ein unbekanntes Ziel erlangen.
Vergeht die Nacht? Und wird es wieder tagen?
Der Welt gefällt, wenn wir sie danach fragen.

17.1.2021

Schneefall

Gefühle sind in Eisesluft erkaltet,
und auch die wechselwarmen Dichter
verzichten auf das Lob der bunten Lichter,
erfrieren fast, dem Froste zugeschaltet.

Dabei ist doch die Stadt nun neu gestaltet
und hat so viele Weißaufgraugesichter
im Schnee, geschüttet aus dem Wolkentrichter,
zu bieten, von der Kühle still verwaltet.

Wer denkt denn heute schon an Übermorgen,
und will sich einen Tag vom Frühling borgen?
Die grünen Stunden, wenn sie kommen werden,

so unverhofft wie Friede hier auf Erden,
nur angelegt in restbestimmten Zeiten,
sie bleiben fern dem Weg den wir beschreiten.

18.1.2021

Luftbild

Was wendet sich, verschwendet sein Bestehen
im Raum des willenlosen Kunstverstandes,
als Attribut des ungenauen Unterpfandes
der schlaffen neuen Zeit, was wird geschehen?

Am Horizont, wo blasse Schatten gehen
in Abgesängen eines jeden Landes,
verschwebt im fahlen Licht des Himmelsrandes
der helle Mut, mit Unvernunft versehen.

Wir senden Worte, zeichnen bunte Bilder,
bemalen unsre Seelen, tragen Schilder
in Tage die wir stolz die nächsten nennen.

Und alles ist ein sachtes Niederbrennen.
Im feuchten Ufersande sanft verloren,
es werden keine Feuer hier geboren.

19.1.2021

Argwohn

Verdrängt sind nie die kummervollen Tage,
nur aufgehoben in den Niederungen
vergessner Pflichten, welche kaum gelungen.
So stellt sich dar die allgemeine Lage.

Und stellt das Leben selbst sich hier infrage
im Reigenspiel der Notverlängerungen.
Die hoffnungstollen Lieder, abgesungen,
sie machten Platz der stillen Totenklage.

Nur wenig Zeit, sich daran zu gewöhnen.
In jeder Stunde wachsen neue Sorgen,
die Zukunft treibt entleibt ins wirre Morgen.

Bevor wir uns mit diesen Fall versöhnen,
dem Sturz in abgrundtiefe dunkle Spalten,
vermessen wir und werden dann erkalten.

20.1.2021

Und alles schwebt in unbestimmte Räume.

Drei

Abspiel

Die Zeit gerinnt in schwarzen Plattenrillen,
die Töne quellen wellig hier zur Seite,
das Hörvermögen kränkelt, geht in Pleite,
die Wortverbände ruhen aus im Stillen.

Vergangenheiten sind dem Jetzt zu Willen
und ziehen endlos wieder in die Breite
der Todeslust, die sich vom Sein befreite
mit jedem Satz, die Zukunft hier zu killen.

Und doch, in jenen schönen Augenblicken,
da wir die Dinge unvermittelt sehen,
anstatt mit Lug und Trug sie zu besticken,

erwachen unsre Herzen, wächst Verstehen.
Was immer wir tagtäglich sagen werden,
bleibt eingefügt dem Großgesang auf Erden.

21.1.2021

Fehlblatt

Die Worte fallen einzeln mir entgegen,
geboren aus den Höhen welker Taten;
ich kann, was sie bedeuten, nur erraten,
und gehe sinnend auf den schmalen Wegen.

Die Wälder, hier, erteilen mir den Segen.
Ich weiß die Antwort nicht, um die sie baten,
und werde nie die Fragen gut verdrahten.
Die Lösung bleibt verloren, abgelegen.

Zusammenhänge sterben beim Sortieren.
In blindem Hoffen, dass sie dennoch passen,
bin eifrig ich am wilden Durchprobieren.

Ich suche noch, verzweifle an den Dingen.
Es wird kein Satz mir fernerhin gelingen.
Die Worte haben mich schon längst verlassen.

22.1.2021

Trübsal

Du legst den schmalsten Fluss in keine Ketten,
er wird sich nicht gefangennehmen lassen.
Die Liebe ist ihm unbekannt, das Hassen.
Er braucht nie Hoffnung in sein Selbst zu betten.

Du aber wirst den eignen Traum nicht retten,
die Krallenhände werden nach dir fassen
und Wunden deiner Seele rasch verpassen.
Kein Balsam da, sie lindernd einzufetten.

Du bist nun wach, und meinst erneut zu träumen.
Du stehst am Ufer, wartest auf Gezeiten,
vertraut mit deinen eignen Eitelkeiten.

Und wie die Wellen, die den Strand besäumen,
so kommst du an, für seltne Augenblicke,
und fluchst und haderst mit dem Ungeschicke.

23.1.2021

Fortzug

Die Sonne tritt am Mittag in mein Zimmer
und lässt die Bilder an der Wand verblassen
mit Strahlenhänden die nach ihnen fassen.
Ich steh verwirrt im hellen Lichtgeflimmer.

Die Schatten schwinden, deren Angstgewimmer
ich lang genug ertrug, und sie verlassen
wie aussortierte angeschlagne Tassen
den Raum, darin sie mich beherrschten immer.

Ich lebe frei und schwebe mit den Dingen,
ich strebe leichten Sinnes in die Ferne,
und habe dich, geliebte Welt, so gerne.

Am Abend aber, wenn des Lichtes Schwingen
ermattet sich ins Dunkel wieder falten,
erscheinen Schatten neuer Angstgestalten.

24.1.2021

Klartraum

In allem was ich schreib, geschrieben habe,
entdeckt ein Herr die schlimmsten schiefen Bilder,
beklagt, dass lässig ich die Welt beschilder,
und sagt, so trüge ich sie gleich zu Grabe.

Ich triebe Schindgeluder mit der Gabe,
die man mir lieh, es sei nur Reimgewilder.
Wie stimme ich ihn wieder etwas milder?
Durch Wortverzicht, Verzicht auf Versgetrabe?

Indem sein Selbst ich in den Traum verfrachte,
luzider Art, und ihn gelenkt umnachte.
Er spricht am nächsten Tag in schönsten Tönen

von meinen Zeilen, die ihm nun gefallen,
und sagt er könne sich daran gewöhnen.
Weil auch noch nachts sie in ihm widerhallen.

25.1.2021

Befall

Im Dünenland, im Waldbereich, besetzen
die grünen Flechten ufernahe Bäume
und binden sich in deren trockne Träume,
die sie mit herbem Duftgemisch umnetzen.

Und nichts vermag am Tag sie zu verletzen,
Erobrer aller lichtdurchwirkten Räume
und jeder stillen Dunkelheit Gesäume,
und nichts vom Orte nachts sie weg zu hetzen.

So sind am Meeresrand und weiter oben
sie miteinander lockersanft verwoben.
Die Farbe kleidet graue raue Rinden.

Mitunter sind vereinzelt vorzufinden,
an Stämmen, gelbgetönte Pilzgesellen,
die sich den Bäumen zur Verfügung stellen.

26.1.2021

Umschwung

Gelegt um stiller Stunden Aufgebote,
bewegt sich hier in stetig kleinren Kreisen
das Licht, und wird in Dunkelheit vereisen,
des letzten Willens Überlebensquote.

Vom Lied, das nun entflieht, bleibt keine Note,
den tiefen Schlaf der alle traf zu preisen.
Wir werden jetzt zu unsrem Ursprung reisen.
Im Jenseits sind wir, endlich, Unbedrohte.

Mag sein, ein Fehler hat sich eingeschlichen,
und jemand ist dem Tode ausgewichen,
als würde altes Recht noch immer gelten

und unumschränkt im Raume wieder wirken –
selbst den wird bald ein grauer Traum umzirken,
der Fragen spart und spricht von andren Welten.

27.1.2021

Vorwand

Gelegen am Ermüdungsbruch der Zeiten,
bewegt das Leben sich ins Ungefähre,
als wenn da keine Möglichkeit mehr wäre
und wären keine Pfade zu beschreiten.

Das Dasein lockt mit seinen Heiterkeiten,
Gefährten bunt behangner Lichterfähre.
Nur Schönheit sei! Und niemals Angstgeschwäre.
Und Liebe, leicht in reine Luft zu leiten.

Dazwischen sind wir, in die Welt geworfen,
rotierend um die angestammten Fakten
der blassen Tage. Unsre Wunden schorfen.

Die trägen Stunden bringen Duft und Wärme,
umhüllen Haupt und seelenlose Därme.
In Kaltgebieten frieren nur die Nackten.

28.1.2021

Landgang

Der Fluss, asphaltbeladen, träumt am Tage
von hohen Fluten, welche kommen werden,
und Wellenbergen, großen blauen Herden.
Doch sind die Träume nur geheim und vage.

Denn anders ist indes die wahre Lage.
So leidet nun der Fluss und führt Beschwerden
ins nasse Feld der Wasser hier auf Erden.
Im Raumgezwäng versickert jede Klage.

Die Grenzen liegen in sich selbst begraben
und können keine offne Hoffnung haben,
bedrängt von stummgestimmten Uferrufen.

An flachen Stellen ragen Treppenstufen
aus hellem Kiesgeröll und Trockenstreifen.
Und niemals kann der Fluss die Flucht ergreifen.

29.1.2021

Alltag

In Winkeln reiften, die wir greifen konnten,
der Bücher Schriften, stillem Glück verbunden,
im Schatten hingeworfner Dämmerstunden
als Krieger an den sturen Zeilenfronten.

Das Spiel der Worte hier im Unbesonnten
verhieß den Sieg, am Tag danach verschwunden,
Eskorte nur, Erfolge zu umrunden,
gelagert endlos vor den Horizonten.

Die Wolken waren unsichtbar beschrieben
und stürzten ab, kein Satz ist uns geblieben.
Verlierer, stochern wir in Überresten.

Wir wollen, in den tiefen Nächten, testen
woran wir sind, mit allen Silben fechten,
und unsre Hände wieder neu verflechten.

30.1.2021

Und niemals kann der Fluss die Flucht ergreifen.

Vier

Antrieb

Der Mond, in voller Rundung, ist zu sehen,
er schaut hinab in schneebedeckte Straßen,
verwundert, weil die Leute ihn vergaßen
so schnell. Nur selten, dass da welche gehen.

Es schien sich alles doch um ihn zu drehen,
gehuldigt wurde ihm in Übermaßen,
in seinen Silberlichtgedichten saßen
die Seelen fest. Er konnte das verstehen.

Nun wird er fahl und etwas ungeduldig,
und spricht sodann die ihn verehrten schuldig.
Er fragt nach Gründen nicht, will nichts mehr wissen.

Zurückgezogen in die Wolkenkissen,
belauert er den nächsten Wintermorgen,
den frühen Tag, und macht sich keine Sorgen.

31.1.2021

Einspruch

Du schreibst mit dunkler Kreide auf die Seele,
in deren Bleichsein trübe Träume fallen.
Das Echo wirkt und wird noch widerhallen
nach jedem Laut der dringt aus deiner Kehle.

Auch mir, der ständig ich mein Sein verfehle,
gelingt es nicht mich an das Wort zu krallen,
geschweige denn die Sätze einzustallen,
die ich aus andern Sphären immer stehle.

So bleiben wir im fremden Wert verloren,
und haben uns ein Lebenlang verschworen
dem Scheinbereich der über allem schwebte.

Die Zukunft starb, an der die Hoffnung klebte,
und uns umwarb der Finsternis Gesinge.
Wir überspringen still des Todes Klinge.

1.2.2021

Blendwerk

Sie wusste, ihre Liebe würde dauern,
geborgen sicher in Vollkommenheiten,
entgegen Widerständen müder Zeiten
und nie im Angesicht erstarrter Mauern.

Wo hinter Hausfassaden Ängste lauern
und blinden kühlen Hass ins Leben leiten,
verblasst die Welt, Absud von Eitelkeiten,
gerinnt im Frost, und stirbt in Kälteschauern.

Sie wusste, ihre Liebe würde enden
und wie ein mattes Spiegelbild sich wenden,
verließe sie vertrauten Raum und ginge.

Die Trauer, dunkle Augenbrauenschwinge,
sie bliebe, eingeschrieben diesem Zimmer,
und herrschte dort fortan für jetzt und immer.

2.2.2021

Leitgang

Ins Schattenholz der frühen Kinderjahre
fiel von den Wipfeln Lichtgesprenkel nieder,
und waren ungesungen jene Lieder,
in deren Klängen ruhte nur das Wahre.

Die Winde flochten dieser Zeit die Haare.
Und Ordnung war dem der sie sah zuwider.
In spätren Monden aber, brav und bieder,
gewöhnte er sich an das allzu Klare.

So ging sein Leben, kreisend um die Leere
des Augenblicks, dahin und blieb nur Schwere
statt Schweben, Pflicht als hinderliche Gabe.

Und jeder Satz, gesprochen, war Gehabe,
zersprang wie Glas in tausend Scherbenteile.
Die Hoffnung drang in keine neue Zeile.

3.2.2021

Singsang

Der Tag, umworben von dem sanften Lichte
das auf den Häusern lag, verbarg sein Sehnen
und wollte an den blanken Fenstern lehnen.
Die Regenstunden machten dies zunichte.

Sie kamen, ändernd Wettergroßberichte,
zerschnitten Sonnenstrahlen, über denen
die Wolken welkten. Welche Straßenszenen!
Nur leider passten sie nicht in Gedichte.

Und waren nur dem reinen Sein gewogen,
vergessen von den sternenmatten Nächten
die hier das nächste Erdversteck bezogen.

Der Verse Maß zerfiel in tiefen Schächten.
Es blieb, aus allem Weltgehalt vertrieben,
das Wort verloren, wurde nie geschrieben.

4.2.2021

Heimwärts

Gedankennebel fällt auf meine Worte,
die Suche nach dem Sinn gerät ins Wanken,
ich klammre mich an ungeliebte Ranken,
gelange nie hinaus, durch keine Pforte.

Wenn ich die Schwäche die mich trifft verorte,
ist das vielleicht ein Schiff mit morschen Planken,
zum Ufer unterwegs um abzudanken,
als Teil der lebenstrüben Angstkohorte.

Doch bleibe ich, anstatt vors Haus zu gehen,
versunken in Verachtung, einfach stehen,
betrachte weltenfremd papierne Ferne.

Der Himmel flammt im Zitterlicht der Sterne.
Ich sitze hier und habe keine Ziele.
Dir gehts genauso? Wir, mein Freund, sind viele.

5.2.2021

Zwiespalt

Die Strophe, welche du nun schreibst, ist meine.
Ich habe sie dir gestern überlassen,
und wollte mich mit anderm Klang befassen.
So bring das Ding hier endlich in das Reine!

Die Götter schenken nichts, nicht mal die eine,
verschwindend kleine Silbe einzupassen
gelingt. Und nur die Hülsen sind in Massen
vorhanden, leeres Gut. Und Hoffnung: keine.

Umstellt von Randfiguren, treiben deine Träume
dahin, geschmiegt in enge schmale Räume.
Du wirst sie nie ins rechte Licht hier setzen,

wenn du erwachst um durch den Tag zu hetzen.
Die Strophe die ich meinte wird verblassen,
wie alles was wir schrieben, leicht zu hassen.

6.2.2021

Laufbahn

Die zeitenlose Splitterspur des Schönen
zerfasert unsre weitverzweigten Wege
und stirbt, verletztes Wild, im Baumgehege
der Wünsche, die als Echo in uns dröhnen.

Wir könnten, was wir lieben, umgewöhnen
zu Lust und Frust und wandelbarer Pflege.
Doch bleibt uns nur Verzicht und Schneegefege,
im Kreise kleiner Schritte kein Versöhnen.

Die Wiederholung schichtet blanke Pflichten
zu Bergen. Aber Schönheit wächst mitnichten.
Aus unsren Herzen fliehen graue Sorgen

in unbekannte Länder, andre Morgen.
Die Freude flieht. Wir ziehen in die Leere,
entlassen von der Liebe Erdenschwere.

7.2.2021

Richtspruch

Im Wäldchen gegenüber, dort am Hügel,
ermatten unter Sternen Vogelrufe,
und leise schwebt der Mond zur nächsten Stufe
der Silbertreppe, frei und ohne Zügel.

Tief unten schläft und träumt das Waldgeflügel.
Das Leben liegt in einer Schlittenkufe,
geschnitten aus dem Schnee zum Sichtbehufe,
gehalten still im frostverstärkten Bügel.

Der Mond, am Himmel weit und blass gediehen,
will sich im Tageslicht der Erde zeigen,
versinkt danach erneut in schmales Schweigen.

Kristallen dringt der Morgen ins Gefüge
und prüft die Wahrheit, prüft die dunkle Lüge
der Nacht. Ein Irrtum wird ihm nicht verziehen.

8.2.2021

Abstieg

Um nach gestücktem Zwischenglück zu suchen,
verhandeln wir in langen Winterwochen
und warten auf ein Wort das uns versprochen
in fern versunkner Zeit, und wir verfluchen

die Einzelheiten, welche nichts verbuchen
und unsre Seelen wie ein Pilz bekrochen,
als wir ringsum den taffen Tod schon rochen
und nagten an dem harten Zukunftskuchen.

Der Fehlbesatz glitt in die Brückenlücke,
zerfiel, und abertausend Stundenstücke
verwehrten uns den Blick auf neue Tage.

Wir stehen still und stellen keine Frage,
verharren in den zugewiesnen Räumen,
obwohl mitunter wir vom Leben träumen.

9.2.2021

Und Ordnung war dem der sie sah zuwider.

Fünf

Grenzwert

Verfließt das Warten restlos in den Zeiten,
umzäunt von Palisaden langer Trauer,
liegt noch was du verworfen hast auf Lauer
und auch im Zentrum deiner Eitelkeiten.

Du lebst am Rande, willst dich vorbereiten,
im Schattenland der strengen Regenschauer,
die niemals enden an der nächsten Mauer.
Du kannst die Wege nicht zur Sonne leiten.

Das Finden schöner Dinge wird mißlingen,
du wirst zu deinem Ursprung nie mehr dringen,
dein Herz schlägt gnadenlose Dauertakte.

Wenn Hoffnung wäre, würdest du sie messen
in Zahlen, und danach sofort vergessen.
Was bleibt, sind nur versprengte Artefakte.

10.2.2021

Merkmal

Verirrt in virtuellen Binnenräumen,
gelagert um geschrumpfte Außenwelten,
vermögen Sinne nur im Bild zu zelten
und Wandlung bringen nur in Träumen.

Den Widerschein des Seins mit Nacht besäumen,
obliegt den Kunstfiguren die nichts gelten,
sie leben leer, gewähren unverstellten
Gedanken keinen Weg sich aufzubäumen.

Die Räder gleiten in vereisten Gleisen,
auf Schienen die im Kreise immer reisen,
dahin wo wenig Worte zaghaft warten.

Die Zwischenaufenthalte bergen Schweigen,
vor dem Gesänge duldend sich verneigen.
Die Stille tötet, endet alle Fahrten.

11.2.2021

Stellring

Die bunt gemalten seelenvollen Bilder
sind trocknen grauen Tönen nun gewichen
und haben sich entfärbt davongeschlichen.
Im Schatten ruhen sie, verblasste Schilder.

Von Zeit zu Zeit, im sturen Raumgewilder,
umzäunen wir die Angst mit Pinselstrichen.
Doch alle Farben starben und verblichen
schon längst in eines fahlen Traums Gemilder.

Wie zärtlich würden, wenn sie wieder kämen,
die sanften Bilder, wir sie hier begrüßen
und ihr Vergessensein mit Achtung büßen.

Die tagestoten Wortehorden lähmen.
So bleibt, im Widergang gefällter Stunden,
das Leben klamm, die Hoffnung ist verschwunden.

12.2.2021

Trugschluss

Verständnislose Leute radebrechen
und reden wirr, verirrt im Wintergarten,
wo weder Siege noch Gewinne warten.
Der Frühling aber ist ein Fernversprechen.

Der ungeschminkte Tod darf weiter zechen
vom Blut der vielen die sich um ihn scharten,
Begleiter waren seiner wilden Fahrten,
zwar ohne je in hohe See zu stechen.

Und während sie das schale Wasser trinken
zum kargen Mahl, in flaue Trauer sinken,
erscheint Freund Hein und sammelt ihre Seelen.

Es mag wohl sein, dass ihm noch welche fehlen.
Die holt er ein, bevor der Winter endet
und weiße Grüße an den Sommer sendet.

13.2.2021

Ausriss

Denn was du sagtest, wurde dir vergeben.
Beklagte Zeit, verströmt in wildem Hoffen,
entfloh der Nacht. Die Türen stehen offen.
Wohin du schaust, da lauert neues Leben.

Du wirst hinauf zum blauen Himmel schweben.
Wonach du fragtest, tief im Herz getroffen,
es liegt im Licht, gegründet in den Stoffen
der Luft, die dich umgibt dein Sein zu heben.

Und wenn du stürzt, wie üblich, zu den Tiefen
vergangner Zeit, wo Wünsche träumend schliefen,
zerfällt der Tag in seine Einzelteile.

Denn was du wagtest, wird ins Wache wehen,
geringe Dauer haben und vergehen
im Widerwind der Großen Langeweile.

14.2.2021

Nachricht

Die Sonne war, ein roter Ball, herab gefallen
und lag im Fluss. Die Kormorane kamen,
die Schollen schwarzgeflügelt zu umrahmen.
Und mittendrin, bei Reihern, saßen Rallen.

Am Ufer standen leere Lagerhallen,
und niemand da, darin herum zu kramen.
Verwittert, lesbar noch, die Firmennamen.
Auch morgen würde hier kein Lärm erschallen.

Die Haubentaucher schwammen zu den Enten.
Die Gänsesäger hielten sich beiseite.
Befiedert war der Strom in ganzer Breite.

Die Nacht verging, die frühen Stunden trennten
den Sternenglanz von allen Wasserflächen.
Das Leben blieb und trieb, war nicht zu schwächen.

15.2.2021

Herkunft

Wir sterben, lang bevor die Sterne gehen,
im All verglüht zu ewigdunklen Punkten.
So kurz war unser Weg, den wir befunkten,
geschah, genau betrachtet, aus Versehen.

Und sollten wir dereinst hier auferstehen,
wo wieder neue Himmelslichter prunkten,
in Raum und Zeitgewirr herum spelunkten,
wir würden anders unsre Runden drehen.

Wir wären, was wir diesmal nicht mehr schafften,
vereint und hätten gleiche Zauberziele.
Das Leben könnte besser uns verkraften.

Wir hielten länger aus im Weltgespiele,
unsterblich fast, und wiesen in die Schranken
die Störgeräusche schriller Giftgedanken.

16.2.2021

Zaumzeug

Im engen Raum erkalten die Gefühle,
gezogen um den Kern der Einsamkeiten,
von Lust und Freude längst befreiten Zeiten.
Der Schmerz, gebändigt in der Schmalkanüle,

verhallt nun still im dunklen Nachtgewühle
der totvertrauten Träume, deren Weiten
in Länder münden, Grenzen überschreiten
zu fernen Tages lichtgelockter Schwüle.

Die sagenhaften bildersatten Sätze
vergehen, sind nur ungehobne Schätze.
Das Morgengrauen bringt, dem Rauch verbunden

der sich nun legt auf alle stummen Stunden,
die Kühle wieder in das schmale Zimmer.
Und was geschieht, wird nie zum Liede. Nimmer.

17.2.2021

Zugzwang

Des Sommers grüne Hügel sind verschwunden
und hinter winterlichem Weiß gefangen.
Die Tage winseln bang in Frostes Zangen,
sie zählen ängstlich ihre klammen Stunden.

Noch ist der Weg zum Frühling nicht gefunden.
Die Vogelrufe, welche herzlaut klangen
im Waldrevier, verstummen in den langen
gebleichten Zeiten, tristem Sein verbunden.

Was weiter wird, ist aber schon zu ahnen.
Die frühen Blüher werden bunte Fahnen
aus hartem Boden hin zur Sonne recken.

In heitrem Licht entstehen grüne Decken.
Sogar im Gram versunkne Sonderlinge
erwachen, lachen, und sind guter Dinge.

18.2.2021

Anflug

In müder Selbstenteilung zittern Seelen
und sehnen doch herbei das Maß der Stärke,
die Heilung durch Begegnung mit dem Werke
der andern, welche nie ihr Ziel verfehlen.

Den Mut der nächsten Tage sich zu stehlen,
zu holen in das Jetzt, mißlingt. Ich merke
das auch an diesem Ort wo ich berserke,
weil immer Versgebilde in mir schwelen.

Als gelte es ihr Leben, streben jene,
den Klängen preisgegeben, lichtverwoben
und sind in Wolkenzügen aufgehoben.

Am Boden aber, wo die Worte warten,
zerfallen Sinn und Sein zu blanker Szene,
verwehren dir und mir, ins All zu starten.

19.2.2021

Inhalt

Fotos: EK